# Addition
# Subtraction

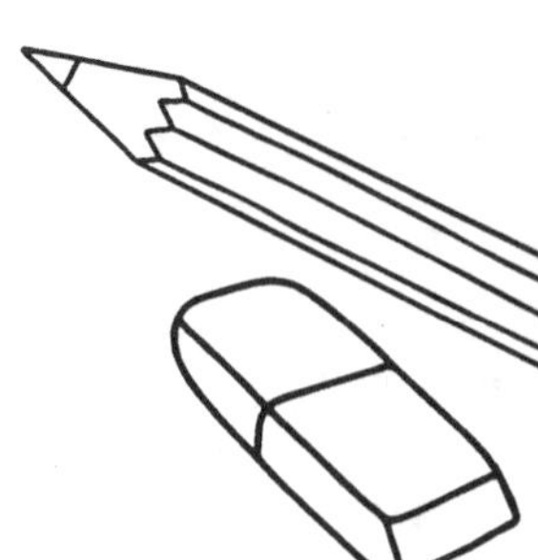

This math workbook belongs to

................................................

# Improve fastly in math!

The purpose of this book is to help your child practice at home and continue to progress in mental arithmetic and deepen his knowledge of mathematics. Doing as many exercises of progressive difficulty as possible will undoubtedly allow him to evolve and strengthen his math skills.

Your opinion counts for us, do not hesitate to leave us a comment on the Amazon site.

# Addition table

| + | 1 | 2 | 3 | 4 | 5 | 6 | 7 | 8 | 9 | 10 |
|---|---|---|---|---|---|---|---|---|---|----|
| 1 | 2 | 3 | 4 | 5 | 6 | 7 | 8 | 9 | 10 | 11 |
| 2 | 3 | 4 | 5 | 6 | 7 | 8 | 9 | 10 | 11 | 12 |
| 3 | 4 | 5 | 6 | 7 | 8 | 9 | 10 | 11 | 12 | 13 |
| 4 | 5 | 6 | 7 | 8 | 9 | 10 | 11 | 12 | 13 | 14 |
| 5 | 6 | 7 | 8 | 9 | 10 | 11 | 12 | 13 | 14 | 15 |
| 6 | 7 | 8 | 9 | 10 | 11 | 12 | 13 | 14 | 15 | 16 |
| 7 | 8 | 9 | 10 | 11 | 12 | 13 | 14 | 15 | 16 | 17 |
| 8 | 9 | 10 | 11 | 12 | 13 | 14 | 15 | 16 | 17 | 18 |
| 9 | 10 | 11 | 12 | 13 | 14 | 15 | 16 | 17 | 18 | 19 |
| 10 | 11 | 12 | 13 | 14 | 15 | 16 | 17 | 18 | 19 | 20 |

# Online Addition

6 + 3 =        3 + 9 =

8 + 9 =        5 + 8 =

1 + 6 =        4 + 7 =

7 + 4 =        7 + 1 =

9 + 5 =        0 + 7 =

9 + 2 =        2 + 0 =

3 + 1 =        7 + 6 =

1 + 9 =        2 + 0 =

0 + 3 =        5 + 9 =

2 + 4 =        6 + 9 =

8 + 1 =        3 + 3 =

6 + 5 =        0 + 2 =

0 + 9 =        2 + 0 =

8 + 3 =        3 + 7 =

7 + 6 =        6 + 0 =

6 + 1 =        7 + 5 =

1 + 9 =        8 + 4 =

4 + 7 =        9 + 6 =

1 + 9 =        9 + 6 =

0 + 7 =        7 + 8 =

2 + 1 =        9 + 4 =

5 + 4 =        3 + 1 =

7 + 2 =        8 + 7 =

1 + 0 =        4 + 1 =

6 + 5 =        3 + 5 =

9 + 4 =        7 + 6 =

4 + 4 =        2 + 8 =

0 + 0 =        3 + 0 =

2 + 2 =        6 + 7 =

2 + 1 =        9 + 4 =

2 + 4 =

2 + 0 =

7 + 6 =

4 + 1 =

9 + 6 =

4 + 9 =

1 + 6 =

3 + 5 =

6 + 8 =

1 + 4 =

5 + 7 =

3 + 6 =

7 + 3 =

3 + 0 =

5 + 8 =

2 + 0 =

6 + 0 =

1 + 2 =

2 + 9 =

3 + 0 =

6 + 6 =

6 + 5 =

3 + 9 =

9 + 6 =

5 + 3 =

2 + 4 =

1 + 6 =

2 + 5 =

6 + 5 =

4 + 5 =

6 + 1 =

8 + 9 =

2 + 8 =

7 + 5 =

9 + 8 =

0 + 1 =

8 + 8 =

7 + 5 =

2 + 2 =

2 + 3 =

9 + 8 + 1 =

4 + 7 + 7 =

5 + 0 + 8 =

5 + 5 + 1 =

2 + 1 + 2 =

9 + 4 + 3 =

7 + 8 + 8 =

1 + 8 + 2 =

4 + 6 + 1 =

4 + 3 + 1 =

8 + 9 + 9 =

3 + 0 + 8 =

2 + 3 + 4 =

4 + 3 + 5 =

5 + 3 + 4 =

7 + 0 + 5 =

4 + 8 + 5 =

3 + 3 + 6 =

9 + 3 + 8 =

8 + 7 + 6 =

$0 + 1 + 4 =$

$5 + 4 + 1 =$

$3 + 6 + 6 =$

$4 + 3 + 9 =$

$4 + 7 + 3 =$

$9 + 4 + 6 =$

$1 + 9 + 1 =$

$2 + 2 + 1 =$

$4 + 9 + 7 =$

$6 + 0 + 4 =$

$4 + 9 + 9 =$

$2 + 3 + 0 =$

$2 + 7 + 2 =$

$9 + 5 + 2 =$

$3 + 2 + 0 =$

$3 + 9 + 0 =$

$6 + 2 + 5 =$

$4 + 0 + 3 =$

$9 + 3 + 1 =$

$0 + 6 + 2 =$

8 + 2 + 4 =

9 + 9 + 3 =

3 + 1 + 8 =

1 + 2 + 4 =

9 + 5 + 1 =

9 + 2 + 2 =

2 + 8 + 3 =

3 + 7 + 0 =

8 + 6 + 6 =

8 + 1 + 5 =

2 + 2 + 1 =

1 + 6 + 6 =

2 + 1 + 7 =

3 + 6 + 1 =

0 + 3 + 7 =

6 + 9 + 4 =

3 + 9 + 0 =

1 + 3 + 0 =

0 + 4 + 3 =

4 + 5 + 6 =

5 + 1 + 2 =

6 + 7 + 6 =

1 + 5 + 5 =

3 + 7 + 4 =

6 + 0 + 3 =

4 + 3 + 9 =

8 + 5 + 5 =

5 + 4 + 3 =

7 + 6 + 9 =

0 + 8 + 1 =

2 + 2 + 8 =

4 + 3 + 1 =

6 + 6 + 2 =

5 + 0 + 8 =

1 + 7 + 1 =

9 + 7 + 5 =

4 + 4 + 2 =

1 + 1 + 9 =

3 + 8 + 6 =

1 + 7 + 2 =

6 + 9 + 6 =          8 + 6 + 0 =

9 + 6 + 6 =          7 + 2 + 1 =

1 + 6 + 9 =          0 + 7 + 8 =

5 + 6 + 7 =          7 + 7 + 4 =

7 + 8 + 8 =          9 + 8 + 4 =

2 + 2 + 2 =          5 + 3 + 9 =

3 + 3 + 1 =          5 + 4 + 8 =

0 + 1 + 1 =          1 + 3 + 7 =

0 + 1 + 1 =          0 + 0 + 3 =

0 + 5 + 5 =          7 + 4 + 7 =

5 + 9 + 6 =

7 + 7 + 1 =

4 + 0 + 1 =

7 + 9 + 5 =

2 + 3 + 0 =

2 + 9 + 6 =

8 + 3 + 6 =

0 + 4 + 4 =

7 + 2 + 4 =

0 + 2 + 8 =

4 + 7 + 8 =

5 + 4 + 6 =

3 + 9 + 1 =

1 + 3 + 1 =

0 + 2 + 2 =

1 + 2 + 9 =

1 + 2 + 9 =

8 + 8 + 3 =

3 + 1 + 8 =

1 + 1 + 4 =

7 + 5 + 8 =

3 + 4 + 3 =

5 + 2 + 5 =

0 + 6 + 8 =

3 + 0 + 8 =

2 + 4 + 4 =

7 + 0 + 5 =

3 + 8 + 6 =

8 + 1 + 0 =

8 + 9 + 6 =

3 + 3 + 6 =

7 + 5 + 9 =

2 + 1 + 0 =

8 + 3 + 8 =

0 + 4 + 5 =

0 + 9 + 8 =

7 + 7 + 1 =

6 + 1 + 5 =

9 + 9 + 6 =

5 + 7 + 6 =

32 + 42  =

35 + 26  =

22 + 36  =

25 + 24  =

24 + 36  =

43 + 30  =

15 + 26  =

42 + 25  =

13 + 12  =

12 + 36  =

32 + 32  =

20 + 45  =

15 + 25  =

43 + 13  =

31 + 41  =

20 + 25  =

| | |
|---|---|
| 22 + 50 = | 44 + 31 = |
| 24 + 45 = | 26 + 40 = |
| 11 + 45 = | 43 + 30 = |
| 26 + 30 = | 25 + 34 = |
| 33 + 34 = | 30 + 10 = |
| 40 + 30 = | 31 + 25 = |
| 11 + 41 = | 32 + 25 = |
| 20 + 13 = | 34 + 15 = |

31 + 20  =

34 + 43  =

43 + 50  =

42 + 11  =

43 + 35  =

10 + 15  =

10 + 35  =

31 + 31  =

14 + 31  =

40 + 33  =

26 + 26  =

16 + 15  =

23 + 36  =

11 + 20  =

26 + 45  =

50 + 34  =

43 + 46 =

13 + 25 =

43 + 40 =

36 + 45 =

45 + 33 =

42 + 21 =

24 + 14 =

46 + 12 =

14 + 43 =

10 + 36 =

36 + 13 =

46 + 46 =

42 + 41 =

30 + 21 =

35 + 40 =

25 + 10 =

26 + 25 =

45 + 46 =

30 + 33 =

35 + 23 =

26 + 42 =

33 + 32 =

22 + 42 =

21 + 13 =

11 + 33 =

40 + 34 =

23 + 20 =

35 + 50 =

46 + 22 =

15 + 20 =

34 + 35 =

41 + 22 =

35 + 25 =          41 + 43 =

31 + 43 =          33 + 22 =

23 + 31 =          44 + 44 =

45 + 42 =          21 + 42 =

42 + 35 =          40 + 25 =

10 + 21 =          20 + 43 =

33 + 43 =          30 + 50 =

40 + 12 =          16 + 40 =

22 + 12  =

20 + 10  =

15 + 45  =

14 + 33  =

10 + 44  =

13 + 42  =

43 + 34  =

12 + 15  =

11 + 23  =

44 + 21  =

36 + 21  =

24 + 34  =

22 + 26  =

31 + 45  =

21 + 41  =

14 + 10  =

23 + 36  =          44 + 34  =

50 + 36  =          23 + 25  =

45 + 34  =          46 + 30  =

36 + 20  =          26 + 40  =

36 + 33  =          15 + 10  =

32 + 36  =          25 + 24  =

10 + 30  =          33 + 46  =

35 + 45  =          11 + 42  =

41 + 42 =

11 + 43 =

41 + 26 =

35 + 26 =

22 + 12 =

45 + 32 =

43 + 22 =

30 + 31 =

15 + 45 =

43 + 42 =

43 + 23 =

10 + 33 =

32 + 26 =

41 + 43 =

13 + 16 =

36 + 32 =

35 + 46 =     14 + 30 =

50 + 13 =     12 + 44 =

24 + 16 =     23 + 30 =

41 + 42 =     22 + 40 =

23 + 41 =     21 + 26 =

35 + 20 =     40 + 46 =

33 + 13 =     13 + 12 =

10 + 34 =     24 + 33 =

12 + 35  =

33 + 26  =

35 + 12  =

40 + 26  =

32 + 33  =

22 + 20  =

30 + 26  =

16 + 24  =

34 + 12  =

23 + 31  =

14 + 30  =

20 + 14  =

26 + 44  =

21 + 45  =

44 + 21  =

20 + 35  =

46 + 30  =   24 + 21  =

43 + 12  =   20 + 10  =

15 + 13  =   42 + 41  =

36 + 41  =   21 + 50  =

44 + 21  =   50 + 23  =

15 + 16  =   32 + 11  =

35 + 24  =   32 + 30  =

50 + 31  =   42 + 15  =

20 + 33  =

13 + 43  =

20 + 44  =

22 + 24  =

42 + 23  =

13 + 44  =

43 + 25  =

25 + 21  =

13 + 31  =

16 + 44  =

25 + 15  =

30 + 35  =

43 + 15  =

23 + 24  =

35 + 33  =

15 + 43  =

# *Let's take a break*

It's simple, I just try to find the way out in one go!

# Missing numbers

24 + __ = 62

__ + 14 = 29

__ + 13 = 33

15 + __ = 47

__ + 31 = 63

20 + __ = 35

30 + __ = 62

__ + 32 = 53

38 + __ = 48

17 + __ = 32

29 + __ = 55

__ + 28 = 68

__ + 25 = 46

__ + 23 = 38

22 + __ = 36

__ + 32 = 72

__ + 11 = 25          __ + 36 = 57

10 + __ = 23          __ + 33 = 53

__ + 20 = 36          __ + 35 = 63

11 + __ = 22          __ + 18 = 44

__ + 40 = 62          __ + 39 = 75

36 + __ = 65          34 + __ = 55

28 + __ = 45          37 + __ = 63

40 + __ = 58          15 + __ = 46

39 + __ = 58

32 + __ = 57

__ + 39 = 74

__ + 12 = 37

22 + __ = 39

__ + 23 = 44

__ + 31 = 54

__ + 27 = 54

35 + __ = 72

37 + __ = 50

__ + 20 = 54

39 + __ = 76

__ + 34 = 50

27 + __ = 64

19 + __ = 53

__ + 16 = 31

__ + 18 = 52          __ + 38 = 50

__ + 17 = 43          __ + 24 = 41

__ + 18 = 42          35 + __ = 68

__ + 24 = 47          39 + __ = 72

13 + __ = 50          13 + __ = 42

31 + __ = 63          35 + __ = 66

18 + __ = 29          17 + __ = 39

__ + 30 = 50          __ + 14 = 32

__ + 36 = 53          23 + __ = 37

__ + 12 = 37          17 + __ = 51

__ + 16 = 31          11 + __ = 38

32 + __ = 49          __ + 31 = 42

29 + __ = 48          29 + __ = 46

__ + 33 = 54          35 + __ = 50

__ + 35 = 74          29 + __ = 62

__ + 18 = 38          22 + __ = 49

__ + 36 = 69          15 + __ = 40

__ + 31 = 67          __ + 20 = 58

31 + __ = 56          __ + 10 = 36

24 + __ = 53          17 + __ = 31

__ + 39 = 65          __ + 14 = 51

__ + 19 = 57          25 + __ = 54

15 + __ = 40          __ + 31 = 49

38 + __ = 50          35 + __ = 70

10 + __ = 26

__ + 20 = 44

__ + 14 = 37

__ + 34 = 69

__ + 38 = 53

35 + __ = 63

__ + 15 = 48

16 + __ = 55

17 + __ = 57

27 + __ = 65

20 + __ = 53

12 + __ = 35

__ + 11 = 25

__ + 37 = 76

12 + __ = 31

22 + __ = 54

36 + __ = 57          38 + __ = 59

27 + __ = 41          __ + 10 = 42

__ + 18 = 35          31 + __ = 54

__ + 23 = 60          __ + 34 = 51

__ + 28 = 51          34 + __ = 74

25 + __ = 64          __ + 11 = 33

40 + __ = 67          __ + 36 = 48

__ + 25 = 48          __ + 26 = 48

__ + 13 = 35        11 + __ = 32

30 + __ = 42        __ + 30 = 50

29 + __ = 48        __ + 25 = 40

__ + 13 = 25        24 + __ = 54

__ + 16 = 37        __ + 17 = 47

32 + __ = 65        20 + __ = 58

15 + __ = 49        13 + __ = 37

__ + 34 = 72        37 + __ = 54

15 + __ = 47        24 + __ = 46

11 + __ = 42        __ + 17 = 39

22 + __ = 54        33 + __ = 57

35 + __ = 64        __ + 18 = 51

__ + 31 = 56        __ + 39 = 75

__ + 18 = 49        11 + __ = 47

__ + 26 = 41        __ + 28 = 50

__ + 18 = 52        35 + __ = 46

__ + 22 = 61          16 + __ = 41

16 + __ = 31          13 + __ = 43

12 + __ = 26          __ + 10 = 46

__ + 40 = 67          __ + 24 = 57

12 + __ = 28          22 + __ = 44

15 + __ = 54          __ + 39 = 51

__ + 32 = 54          __ + 14 = 27

__ + 14 = 39          27 + __ = 55

# Additions in column

| 20<br>+ 16 | 8<br>+ 2 | 14<br>+ 4 | 4<br>+ 11 | 3<br>+ 19 |
|---|---|---|---|---|
| 1<br>+ 6 | 7<br>+ 12 | 0<br>+ 0 | 10<br>+ 9 | 19<br>+ 3 |
| 13<br>+ 5 | 5<br>+ 20 | 17<br>+ 7 | 11<br>+ 1 | 9<br>+ 18 |
| 2<br>+ 17 | 18<br>+ 13 | 6<br>+ 8 | 15<br>+ 10 | 12<br>+ 14 |

| 14<br>+ 10 | 6<br>+ 17 | 1<br>+ 14 | 11<br>+ 4 | 7<br>+ 19 |
|---|---|---|---|---|
| 0<br>+ 0 | 2<br>+ 8 | 20<br>+ 1 | 8<br>+ 7 | 15<br>+ 3 |
| 19<br>+ 6 | 16<br>+ 16 | 12<br>+ 13 | 17<br>+ 5 | 3<br>+ 11 |
| 18<br>+ 20 | 4<br>+ 15 | 13<br>+ 9 | 5<br>+ 18 | 9<br>+ 12 |

| 11<br>+ 16 | 18<br>+ 15 | 14<br>+ 20 | 2<br>+ 13 | 8<br>+ 12 |
|---|---|---|---|---|
| 0<br>+ 17 | 9<br>+ 9 | 1<br>+ 3 | 13<br>+ 10 | 5<br>+ 2 |
| 17<br>+ 19 | 20<br>+ 11 | 4<br>+ 6 | 3<br>+ 1 | 7<br>+ 7 |
| 12<br>+ 4 | 6<br>+ 5 | 10<br>+ 14 | 15<br>+ 0 | 16<br>+ 8 |

| | | | | |
|---|---|---|---|---|
| 9<br>+ 3 | 11<br>+ 2 | 15<br>+ 5 | 18<br>+ 1 | 17<br>+ 4 |
| 5<br>+ 17 | 7<br>+ 6 | 4<br>+ 10 | 20<br>+ 9 | 10<br>+ 16 |
| 2<br>+ 14 | 13<br>+ 11 | 1<br>+ 20 | 8<br>+ 18 | 12<br>+ 12 |
| 6<br>+ 8 | 3<br>+ 19 | 16<br>+ 7 | 19<br>+ 15 | 0<br>+ 13 |

|  15 |  9  |  4  |  5  |  6  |
|-----|-----|-----|-----|-----|
| + 0 | +12 | +19 | + 2 | +16 |

|  14 |  1  | 17  | 13  | 12  |
|-----|-----|-----|-----|-----|
| + 1 | +15 | + 3 | + 4 | + 6 |

|  20 | 19  |  8  |  0  |  2  |
|-----|-----|-----|-----|-----|
| + 8 | +20 | +11 | + 9 | + 5 |

|  11 | 10  |  3  |  7  | 16  |
|-----|-----|-----|-----|-----|
| +14 | +17 | + 7 | +18 | +13 |

|        13 |    8 |        17 |    5 |        19 |
|---|---|---|---|---|
| + 19 | + 6 | + 20 | + 0 | + 12 |

|    6 |    9 |        10 |        18 |    0 |
|---|---|---|---|---|
| + 7 | + 2 | + 5 | + 11 | + 4 |

|        14 |        11 |        20 |    2 |    7 |
|---|---|---|---|---|
| + 13 | + 18 | + 3 | + 9 | + 17 |

|        12 |        16 |    1 |    3 |    4 |
|---|---|---|---|---|
| + 14 | + 10 | + 1 | + 8 | + 16 |

| | | | | |
|---|---|---|---|---|
| 4<br>+ 7 | 9<br>+ 12 | 8<br>+ 16 | 3<br>+ 4 | 0<br>+ 20 |
| 15<br>+ 3 | 14<br>+ 14 | 5<br>+ 13 | 16<br>+ 10 | 10<br>+ 9 |
| 7<br>+ 15 | 1<br>+ 11 | 11<br>+ 5 | 20<br>+ 0 | 17<br>+ 17 |
| 19<br>+ 19 | 6<br>+ 2 | 13<br>+ 18 | 18<br>+ 8 | 12<br>+ 1 |

| | | | | |
|---|---|---|---|---|
| 8<br>+ 9 | 6<br>+ 0 | 15<br>+ 8 | 14<br>+ 1 | 12<br>+ 12 |
| 16<br>+ 11 | 9<br>+ 14 | 10<br>+ 18 | 20<br>+ 13 | 2<br>+ 20 |
| 19<br>+ 6 | 7<br>+ 4 | 5<br>+ 19 | 13<br>+ 3 | 0<br>+ 15 |
| 17<br>+ 5 | 11<br>+ 16 | 18<br>+ 17 | 3<br>+ 2 | 4<br>+ 10 |

| 5<br>+ 14 | 3<br>+ 7 | 2<br>+ 19 | 19<br>+ 16 | 9<br>+ 15 |
|---|---|---|---|---|
| 20<br>+ 9 | 16<br>+ 18 | 1<br>+ 6 | 7<br>+ 0 | 8<br>+ 4 |
| 15<br>+ 20 | 6<br>+ 11 | 12<br>+ 5 | 13<br>+ 3 | 0<br>+ 12 |
| 14<br>+ 17 | 10<br>+ 13 | 11<br>+ 10 | 17<br>+ 1 | 18<br>+ 2 |

|  3 | 7 | 6 | 5 | 9 |
| + 16 | + 12 | + 4 | + 9 | + 14 |

|  4 | 12 | 18 | 19 | 20 |
| + 10 | + 19 | + 3 | + 18 | + 15 |

| 15 | 10 | 13 | 1 | 14 |
| + 2 | + 20 | + 7 | + 8 | + 0 |

| 0 | 8 | 2 | 11 | 16 |
| + 5 | + 17 | + 1 | + 6 | + 11 |

# Subtractions

# Subtraction tables

| Table of 1 | | | |
|---|---|---|---|
| 1 | - | 1 | = | 0 |
| 2 | - | 1 | = | 1 |
| 3 | - | 1 | = | 2 |
| 4 | - | 1 | = | 3 |
| 5 | - | 1 | = | 4 |
| 6 | - | 1 | = | 5 |
| 7 | - | 1 | = | 6 |
| 8 | - | 1 | = | 7 |
| 9 | - | 1 | = | 8 |
| 10 | - | 1 | = | 9 |
| 11 | - | 1 | = | 10 |
| 12 | - | 1 | = | 11 |

| Table of 2 | | | |
|---|---|---|---|
| 2 | - | 2 | = | 0 |
| 3 | - | 2 | = | 1 |
| 4 | - | 2 | = | 2 |
| 5 | - | 2 | = | 3 |
| 6 | - | 2 | = | 4 |
| 7 | - | 2 | = | 5 |
| 8 | - | 2 | = | 6 |
| 9 | - | 2 | = | 7 |
| 10 | - | 2 | = | 8 |
| 11 | - | 2 | = | 9 |
| 12 | - | 2 | = | 10 |
| 13 | - | 2 | = | 11 |

| Table of 3 | | | |
|---|---|---|---|
| 3 | - | 3 | = | 0 |
| 4 | - | 3 | = | 1 |
| 5 | - | 3 | = | 2 |
| 6 | - | 3 | = | 3 |
| 7 | - | 3 | = | 4 |
| 8 | - | 3 | = | 5 |
| 9 | - | 3 | = | 6 |
| 10 | - | 3 | = | 7 |
| 11 | - | 3 | = | 8 |
| 12 | - | 3 | = | 9 |
| 13 | - | 3 | = | 10 |
| 14 | - | 3 | = | 11 |

| Table of 4 | | | |
|---|---|---|---|
| 4 | - | 4 | = | 0 |
| 5 | - | 4 | = | 1 |
| 6 | - | 4 | = | 2 |
| 7 | - | 4 | = | 3 |
| 8 | - | 4 | = | 4 |
| 9 | - | 4 | = | 5 |
| 10 | - | 4 | = | 6 |
| 11 | - | 4 | = | 7 |
| 12 | - | 4 | = | 8 |
| 13 | - | 4 | = | 9 |
| 14 | - | 4 | = | 10 |
| 15 | - | 4 | = | 11 |

| Table of 5 | | | |
|---|---|---|---|
| 5 | - | 5 | = | 0 |
| 6 | - | 5 | = | 1 |
| 7 | - | 5 | = | 2 |
| 8 | - | 5 | = | 3 |
| 9 | - | 5 | = | 4 |
| 10 | - | 5 | = | 5 |
| 11 | - | 5 | = | 6 |
| 12 | - | 5 | = | 7 |
| 13 | - | 5 | = | 8 |
| 14 | - | 5 | = | 9 |
| 15 | - | 5 | = | 10 |
| 16 | - | 5 | = | 11 |

| Table of 6 | | | |
|---|---|---|---|
| 6 | - | 6 | = | 0 |
| 7 | - | 6 | = | 1 |
| 8 | - | 6 | = | 2 |
| 9 | - | 6 | = | 3 |
| 10 | - | 6 | = | 4 |
| 11 | - | 6 | = | 5 |
| 12 | - | 6 | = | 6 |
| 13 | - | 6 | = | 7 |
| 14 | - | 6 | = | 8 |
| 15 | - | 6 | = | 9 |
| 16 | - | 6 | = | 10 |
| 17 | - | 6 | = | 11 |

| Table of 7 | | | |
|---|---|---|---|
| 7 | - | 7 | = | 0 |
| 8 | - | 7 | = | 1 |
| 9 | - | 7 | = | 2 |
| 10 | - | 7 | = | 3 |
| 11 | - | 7 | = | 4 |
| 12 | - | 7 | = | 5 |
| 13 | - | 7 | = | 6 |
| 14 | - | 7 | = | 7 |
| 15 | - | 7 | = | 8 |
| 16 | - | 7 | = | 9 |
| 17 | - | 7 | = | 10 |
| 18 | - | 7 | = | 11 |

| Table of 8 | | | |
|---|---|---|---|
| 8 | - | 8 | = | 0 |
| 9 | - | 8 | = | 1 |
| 10 | - | 8 | = | 2 |
| 11 | - | 8 | = | 3 |
| 12 | - | 8 | = | 4 |
| 13 | - | 8 | = | 5 |
| 14 | - | 8 | = | 6 |
| 15 | - | 8 | = | 7 |
| 16 | - | 8 | = | 8 |
| 17 | - | 8 | = | 9 |
| 18 | - | 8 | = | 10 |
| 19 | - | 8 | = | 11 |

| Table of 9 | | | |
|---|---|---|---|
| 9 | - | 9 | = | 0 |
| 10 | - | 9 | = | 1 |
| 11 | - | 9 | = | 2 |
| 12 | - | 9 | = | 3 |
| 13 | - | 9 | = | 4 |
| 14 | - | 9 | = | 5 |
| 15 | - | 9 | = | 6 |
| 16 | - | 9 | = | 7 |
| 17 | - | 9 | = | 8 |
| 18 | - | 9 | = | 9 |
| 19 | - | 9 | = | 10 |
| 20 | - | 9 | = | 11 |

| Table of 10 | | | |
|---|---|---|---|
| 10 | - | 10 | = | 0 |
| 11 | - | 10 | = | 1 |
| 12 | - | 10 | = | 2 |
| 13 | - | 10 | = | 3 |
| 14 | - | 10 | = | 4 |
| 15 | - | 10 | = | 5 |
| 16 | - | 10 | = | 6 |
| 17 | - | 10 | = | 7 |
| 18 | - | 10 | = | 8 |
| 19 | - | 10 | = | 9 |
| 20 | - | 10 | = | 10 |
| 21 | - | 10 | = | 11 |

| Table of 11 | | | |
|---|---|---|---|
| 11 | - | 11 | = | 0 |
| 12 | - | 11 | = | 1 |
| 13 | - | 11 | = | 2 |
| 14 | - | 11 | = | 3 |
| 15 | - | 11 | = | 4 |
| 16 | - | 11 | = | 5 |
| 17 | - | 11 | = | 6 |
| 18 | - | 11 | = | 7 |
| 19 | - | 11 | = | 8 |
| 20 | - | 11 | = | 9 |
| 21 | - | 11 | = | 10 |
| 22 | - | 11 | = | 11 |

| Table of 12 | | | |
|---|---|---|---|
| 12 | - | 12 | = | 0 |
| 13 | - | 12 | = | 1 |
| 14 | - | 12 | = | 2 |
| 15 | - | 12 | = | 3 |
| 16 | - | 12 | = | 4 |
| 17 | - | 12 | = | 5 |
| 18 | - | 12 | = | 6 |
| 19 | - | 12 | = | 7 |
| 20 | - | 12 | = | 8 |
| 21 | - | 12 | = | 9 |
| 22 | - | 12 | = | 10 |
| 23 | - | 12 | = | 11 |

55 - 45 =        75 - 20 =

70 - 65 =        60 - 20 =

60 - 60 =        15 - 10 =

45 - 20 =        70 - 10 =

65 - 65 =        75 - 15 =

55 - 10 =        60 - 50 =

75 - 45 =        65 - 40 =

70 - 45 =        45 - 25 =

65 - 15  =                    70 - 40  =

65 - 25  =                    40 - 30  =

30 - 25  =                    20 - 15  =

20 - 20  =                    70 - 45  =

60 - 20  =                    15 - 15  =

35 - 15  =                    35 - 10  =

70 - 35  =                    70 - 30  =

10 - 10  =                    50 - 50  =

70 - 40 =

65 - 40 =

15 - 15 =

30 - 10 =

35 - 10 =

40 - 25 =

70 - 30 =

55 - 35 =

60 - 15 =

50 - 20 =

65 - 20 =

55 - 25 =

40 - 40 =

70 - 65 =

25 - 25 =

65 - 50 =

75 - 50 =

45 - 40 =

45 - 25 =

55 - 35 =

70 - 20 =

75 - 30 =

60 - 40 =

70 - 35 =

35 - 20 =

30 - 20 =

60 - 25 =

35 - 15 =

40 - 20 =

25 - 25 =

70 - 70 =

70 - 30 =

| | |
|---|---|
| 70 - 60 = | 55 - 55 = |
| 75 - 20 = | 30 - 25 = |
| 55 - 50 = | 60 - 40 = |
| 75 - 65 = | 60 - 10 = |
| 75 - 45 = | 65 - 40 = |
| 40 - 15 = | 35 - 25 = |
| 45 - 10 = | 45 - 15 = |
| 15 - 15 = | 35 - 35 = |

70 - 55 =    75 - 35 =

50 - 30 =    70 - 20 =

55 - 40 =    35 - 35 =

55 - 30 =    65 - 55 =

75 - 15 =    55 - 15 =

35 - 20 =    65 - 65 =

65 - 50 =    45 - 40 =

65 - 60 =    40 - 10 =

| | | | | |
|---|---|---|---|---|
| 16<br>−  4 | 14<br>−  2 | 15<br>−  2 | 18<br>−  4 | 15<br>−  7 |
| 8<br>−  6 | 17<br>− 10 | 9<br>−  5 | 5<br>−  0 | 12<br>−  3 |
| 19<br>−  6 | 18<br>−  8 | 9<br>−  1 | 13<br>− 12 | 16<br>− 10 |
| 20<br>−  0 | 17<br>− 11 | 11<br>−  3 | 20<br>−  7 | 19<br>− 13 |

| 14 | 10 | 10 | 9 | 20 |
|---:|---:|---:|---:|---:|
| − 11 | − 1 | − 5 | − 9 | − 3 |

| 5 | 14 | 13 | 18 | 12 |
|---:|---:|---:|---:|---:|
| − 0 | − 7 | − 4 | − 8 | − 3 |

| 13 | 17 | 20 | 19 | 16 |
|---:|---:|---:|---:|---:|
| − 4 | − 2 | − 15 | − 15 | − 8 |

| 19 | 16 | 11 | 18 | 6 |
|---:|---:|---:|---:|---:|
| − 0 | − 12 | − 7 | − 2 | − 1 |

| | | | | |
|---|---|---|---|---|
| 12 − 0 | 13 − 9 | 6 − 5 | 13 − 3 | 11 − 0 |
| 18 − 15 | 12 − 6 | 20 − 3 | 7 − 1 | 17 − 2 |
| 11 − 4 | 17 − 9 | 16 − 4 | 14 − 8 | 10 − 7 |
| 18 − 8 | 20 − 19 | 10 − 1 | 16 − 14 | 5 − 2 |

| | | | | |
|---|---|---|---|---|
| 9<br>− 6 | 20<br>− 13 | 18<br>− 3 | 15<br>− 11 | 12<br>− 6 |
| 16<br>− 2 | 19<br>− 11 | 20<br>− 2 | 8<br>− 1 | 14<br>− 1 |
| 17<br>− 4 | 10<br>− 0 | 17<br>− 7 | 15<br>− 5 | 19<br>− 12 |
| 4<br>− 3 | 7<br>− 5 | 10<br>− 9 | 18<br>− 0 | 14<br>− 8 |

|  16 |   7 |   6 |  17 |  20 |
|----:|----:|----:|----:|----:|
| -  8 | -  7 | -  0 | - 11 | -  2 |

|  15 |  14 |  10 |  18 |  15 |
|----:|----:|----:|----:|----:|
| -  3 | - 13 | -  4 | -  5 | - 14 |

|  16 |  19 |  18 |  11 |  20 |
|----:|----:|----:|----:|----:|
| -  2 | -  4 | - 12 | -  3 | -  9 |

|  19 |  17 |  12 |   8 |   6 |
|----:|----:|----:|----:|----:|
| - 10 | - 13 | -  9 | -  1 | -  0 |

| 16 | 5 | 8 | 19 | 13 |
|---|---|---|---|---|
| - 3 | - 0 | - 0 | - 6 | - 5 |

| 20 | 10 | 19 | 16 | 11 |
|---|---|---|---|---|
| - 18 | - 10 | - 6 | - 4 | - 9 |

| 14 | 8 | 15 | 18 | 14 |
|---|---|---|---|---|
| - 13 | - 4 | - 7 | - 3 | - 2 |

| 15 | 7 | 17 | 12 | 20 |
|---|---|---|---|---|
| - 12 | - 1 | - 1 | - 2 | - 17 |

| 6<br>- 4 | 19<br>- 9 | 17<br>- 5 | 13<br>- 8 | 16<br>- 8 |
|---|---|---|---|---|
| 10<br>- 3 | 13<br>- 12 | 2<br>- 1 | 17<br>- 4 | 11<br>- 5 |
| 9<br>- 3 | 18<br>- 14 | 7<br>- 6 | 18<br>- 11 | 15<br>- 2 |
| 12<br>- 1 | 16<br>- 7 | 0<br>- 0 | 20<br>- 19 | 20<br>- 10 |

| | | | | |
|---|---|---|---|---|
| 65<br>- 44 | 46<br>- 15 | 35<br>- 13 | 25<br>- 12 | 24<br>- 10 |
| 55<br>- 14 | 99<br>- 33 | 76<br>- 13 | 26<br>- 12 | 45<br>- 13 |
| 93<br>- 22 | 75<br>- 24 | 22<br>- 10 | 96<br>- 22 | 73<br>- 51 |
| 76<br>- 55 | 98<br>- 45 | 67<br>- 51 | 79<br>- 65 | 55<br>- 13 |

| | | | | |
|---|---|---|---|---|
| 83<br>− 30 | 85<br>− 54 | 39<br>− 27 | 32<br>− 21 | 32<br>− 11 |
| 85<br>− 12 | 28<br>− 13 | 38<br>− 25 | 58<br>− 26 | 72<br>− 31 |
| 84<br>− 40 | 23<br>− 11 | 52<br>− 30 | 75<br>− 14 | 76<br>− 11 |
| 49<br>− 18 | 69<br>− 35 | 24<br>− 10 | 82<br>− 31 | 57<br>− 36 |

| | | | | |
|---|---|---|---|---|
| 29<br>- 17 | 27<br>- 10 | 67<br>- 30 | 95<br>- 33 | 78<br>- 26 |
| 39<br>- 13 | 56<br>- 23 | 83<br>- 12 | 68<br>- 32 | 66<br>- 11 |
| 93<br>- 41 | 85<br>- 12 | 59<br>- 11 | 89<br>- 56 | 47<br>- 24 |
| 97<br>- 43 | 53<br>- 41 | 99<br>- 87 | 27<br>- 14 | 23<br>- 11 |

| | | | | |
|---|---|---|---|---|
| 26<br>− 10 | 95<br>− 62 | 58<br>− 42 | 42<br>− 10 | 48<br>− 17 |
| 69<br>− 51 | 87<br>− 34 | 45<br>− 13 | 79<br>− 44 | 74<br>− 41 |
| 86<br>− 30 | 74<br>− 50 | 44<br>− 13 | 68<br>− 27 | 32<br>− 10 |
| 65<br>− 33 | 45<br>− 24 | 94<br>− 31 | 76<br>− 44 | 77<br>− 34 |

| | | | | |
|---|---|---|---|---|
| 83<br>- 22 | 84<br>- 33 | 66<br>- 50 | 95<br>- 83 | 35<br>- 13 |
| 93<br>- 22 | 75<br>- 10 | 85<br>- 10 | 74<br>- 12 | 84<br>- 23 |
| 74<br>- 32 | 76<br>- 31 | 53<br>- 32 | 36<br>- 25 | 24<br>- 11 |
| 67<br>- 45 | 35<br>- 12 | 85<br>- 50 | 22<br>- 11 | 32<br>- 10 |

| 44 | 94 | 57 | 63 | 52 |
|---|---|---|---|---|
| − 10 | − 20 | − 14 | − 41 | − 40 |

| 52 | 47 | 45 | 37 | 72 |
|---|---|---|---|---|
| − 21 | − 25 | − 34 | − 25 | − 21 |

| 66 | 47 | 53 | 33 | 29 |
|---|---|---|---|---|
| − 51 | − 35 | − 30 | − 20 | − 18 |

| 64 | 42 | 68 | 27 | 26 |
|---|---|---|---|---|
| − 41 | − 11 | − 20 | − 13 | − 10 |

| 75 | 47 | 76 | 29 | 69 |
| :-- | :-- | :-- | :-- | :-- |
| - 43 | - 33 | - 42 | - 18 | - 55 |

| 88 | 72 | 79 | 44 | 78 |
| :-- | :-- | :-- | :-- | :-- |
| - 43 | - 60 | - 13 | - 13 | - 27 |

| 24 | 45 | 68 | 46 | 42 |
| :-- | :-- | :-- | :-- | :-- |
| - 13 | - 12 | - 25 | - 23 | - 30 |

| 68 | 77 | 33 | 66 | 42 |
| :-- | :-- | :-- | :-- | :-- |
| - 42 | - 53 | - 21 | - 12 | - 21 |

| | | | | |
|---|---|---|---|---|
| 82<br>- 10 | 59<br>- 22 | 99<br>- 82 | 24<br>- 12 | 62<br>- 51 |
| 57<br>- 40 | 34<br>- 21 | 74<br>- 63 | 58<br>- 37 | 54<br>- 30 |
| 53<br>- 20 | 29<br>- 17 | 95<br>- 84 | 58<br>- 44 | 92<br>- 60 |
| 92<br>- 20 | 83<br>- 60 | 96<br>- 71 | 88<br>- 15 | 92<br>- 60 |

| | | | | |
|---|---|---|---|---|
| 28<br>− 11 | 62<br>− 51 | 26<br>− 13 | 46<br>− 30 | 24<br>− 11 |
| 95<br>− 73 | 73<br>− 20 | 43<br>− 32 | 53<br>− 30 | 58<br>− 13 |
| 27<br>− 14 | 86<br>− 73 | 82<br>− 70 | 46<br>− 32 | 28<br>− 15 |
| 63<br>− 42 | 87<br>− 63 | 58<br>− 31 | 73<br>− 50 | 92<br>− 81 |

| | | | | |
|---|---|---|---|---|
| 53<br>− 12 | 62<br>− 20 | 36<br>− 15 | 33<br>− 22 | 29<br>− 18 |
| 68<br>− 17 | 69<br>− 30 | 94<br>− 60 | 57<br>− 32 | 87<br>− 71 |
| 42<br>− 11 | 86<br>− 21 | 69<br>− 14 | 74<br>− 11 | 82<br>− 20 |
| 55<br>− 21 | 29<br>− 16 | 92<br>− 21 | 72<br>− 20 | 43<br>− 32 |

| 63<br>- 50 | 64<br>- 43 | 82<br>- 31 | 88<br>- 14 | 84<br>- 50 |
|---|---|---|---|---|
| 23<br>- 11 | 45<br>- 32 | 85<br>- 23 | 46<br>- 13 | 85<br>- 10 |
| 48<br>- 27 | 99<br>- 53 | 38<br>- 17 | 56<br>- 25 | 78<br>- 51 |
| 24<br>- 12 | 59<br>- 48 | 68<br>- 54 | 62<br>- 50 | 23<br>- 11 |

# Let's take a break

Congratulations, you have done a good job, I now propose you to learn how to complete Sudoku!

## How to complete a sudoku:

The rules of the sudoku game are very simple:
Fill in the empty squares with the numbers from 1 to 6, so that they appear only once per row, per column and per 2x6 square rectangle.

**1**

| | 1 | | | | 6 |
|---|---|---|---|---|---|
| 3 | 6 | 2 | | 1 | |
| 5 | | 3 | | 4 | 1 |
| | | | | 3 | |
| 2 | | 6 | 1 | 5 | |
| 1 | | 4 | | | |

(2)

| | 4 | 2 | 1 | | 6 |
|---|---|---|---|---|---|
| | 3 | | | | |
| 4 | 2 | 1 | | | |
| | 5 | 4 | | | |
| 3 | | 5 | 2 | | |
| 2 | | 3 | | 6 | 5 |

③

|   |   | 2 | 1 | 4 |   |
|---|---|---|---|---|---|
|   | 4 |   | 5 | 2 |   |
| 6 | 5 | 4 |   |   | 2 |
| 2 |   | 1 |   |   | 4 |
| 4 | 1 | 6 |   |   |   |
| 3 |   |   | 4 | 6 | 1 |

(4)

| 1 | 3 |   | 2 | 5 |   |
|---|---|---|---|---|---|
| 2 |   | 1 | 5 | 4 |   |
| 3 | 4 | 2 |   |   |   |
|   |   | 3 |   | 2 | 4 |
| 5 | 2 | 6 | 4 | 3 |   |
| 4 | 1 | 5 | 3 |   | 2 |

(5)

| | | | | 5 | |
| | 6 | | 1 | 2 | 3 |
| 3 | 5 | 6 | 2 | | |
| | 4 | 1 | | 6 | 5 |
| | 1 | | 5 | | |
| 5 | 3 | 4 | 6 | | 2 |

6

|   |   |   |   | 4 | 1 |
|---|---|---|---|---|---|
| 6 |   |   | 2 |   |   |
|   |   |   |   |   | 4 |
| 5 |   | 4 | 1 | 6 |   |
| 3 |   |   | 4 |   |   |
|   | 1 |   |   |   |   |

(7)

| | | 4 | 5 | 2 | 3 |
| 5 | | 3 | | 6 | 4 |
| 6 | | 5 | 4 | | |
| 3 | | 2 | | | 5 |
| | | | | | |
| 4 | 3 | 1 | 2 | | 6 |

8

|   | 1 |   | 2 | 6 | 4 |
| 2 |   | 6 | 3 |   | 1 |
|   |   |   |   |   | 2 |
| 1 | 2 | 4 | 5 |   |   |
|   | 3 | 1 |   | 2 | 5 |
| 4 | 5 |   |   | 1 |   |

(9)

| 3 |   | 2 | 4 |   | 6 |
| 4 |   | 6 | 5 |   | 1 |
|   | 6 |   |   |   |   |
| 1 |   |   | 2 |   |   |
| 2 |   |   | 6 |   | 3 |
| 6 |   |   |   |   | 2 |

# Solutions

## 1

| 4 | 1 | 5 | 3 | 2 | 6 |
|---|---|---|---|---|---|
| 3 | 6 | 2 | 4 | 1 | 5 |
| 5 | 2 | 3 | 6 | 4 | 1 |
| 6 | 4 | 1 | 5 | 3 | 2 |
| 2 | 3 | 6 | 1 | 5 | 4 |
| 1 | 5 | 4 | 2 | 6 | 3 |

## 2

| 5 | 4 | 2 | 1 | 3 | 6 |
|---|---|---|---|---|---|
| 1 | 3 | 6 | 5 | 2 | 4 |
| 4 | 2 | 1 | 6 | 5 | 3 |
| 6 | 5 | 4 | 3 | 1 | 2 |
| 3 | 6 | 5 | 2 | 4 | 1 |
| 2 | 1 | 3 | 4 | 6 | 5 |

## 3

| 5 | 6 | 2 | 1 | 4 | 3 |
|---|---|---|---|---|---|
| 1 | 4 | 3 | 5 | 2 | 6 |
| 6 | 5 | 4 | 3 | 1 | 2 |
| 2 | 3 | 1 | 6 | 5 | 4 |
| 4 | 1 | 6 | 2 | 3 | 5 |
| 3 | 2 | 5 | 4 | 6 | 1 |

## 4

| 1 | 3 | 4 | 2 | 5 | 6 |
|---|---|---|---|---|---|
| 2 | 6 | 1 | 5 | 4 | 3 |
| 3 | 4 | 2 | 6 | 1 | 5 |
| 6 | 5 | 3 | 1 | 2 | 4 |
| 5 | 2 | 6 | 4 | 3 | 1 |
| 4 | 1 | 5 | 3 | 6 | 2 |

## 5

| 1 | 2 | 3 | 4 | 5 | 6 |
|---|---|---|---|---|---|
| 4 | 6 | 5 | 1 | 2 | 3 |
| 3 | 5 | 6 | 2 | 4 | 1 |
| 2 | 4 | 1 | 3 | 6 | 5 |
| 6 | 1 | 2 | 5 | 3 | 4 |
| 5 | 3 | 4 | 6 | 1 | 2 |

## 6

| 2 | 3 | 5 | 6 | 4 | 1 |
|---|---|---|---|---|---|
| 6 | 4 | 1 | 2 | 3 | 5 |
| 1 | 6 | 3 | 5 | 2 | 4 |
| 5 | 2 | 4 | 1 | 6 | 3 |
| 3 | 5 | 2 | 4 | 1 | 6 |
| 4 | 1 | 6 | 3 | 5 | 2 |

## 7

| 1 | 6 | 4 | 5 | 2 | 3 |
|---|---|---|---|---|---|
| 5 | 2 | 3 | 1 | 6 | 4 |
| 6 | 1 | 5 | 4 | 3 | 2 |
| 3 | 4 | 2 | 6 | 1 | 5 |
| 2 | 5 | 6 | 3 | 4 | 1 |
| 4 | 3 | 1 | 2 | 5 | 6 |

## 8

| 3 | 1 | 5 | 2 | 6 | 4 |
|---|---|---|---|---|---|
| 2 | 4 | 6 | 3 | 5 | 1 |
| 5 | 6 | 3 | 1 | 4 | 2 |
| 1 | 2 | 4 | 5 | 3 | 6 |
| 6 | 3 | 1 | 4 | 2 | 5 |
| 4 | 5 | 2 | 6 | 1 | 3 |

## 9

| 3 | 1 | 2 | 4 | 5 | 6 |
|---|---|---|---|---|---|
| 4 | 2 | 6 | 5 | 3 | 1 |
| 5 | 6 | 3 | 1 | 2 | 4 |
| 1 | 3 | 4 | 2 | 6 | 5 |
| 2 | 4 | 5 | 6 | 1 | 3 |
| 6 | 5 | 1 | 3 | 4 | 2 |

www.ingramcontent.com/pod-product-compliance
Lightning Source LLC
Chambersburg PA
CBHW060517120726
48002CB00011B/3199